Ama Fleud-Floyd

Algemene

Psyche

Relativiteitstheorie

***

Boek 1

***

***

Leer van de Psychologie

***

***

Leer van Bipolaire Psyche

en Oerpsychose

***

Aan God, mijn ouders en de wereld

***

Aan mijn geliefde ouders -

Ze lieten me het eeuwige patroon van de mensheid zien.

***

***

"En de grootste van hen is liefde"

***

***

Hier begint als de laatste van
alle wetenschappen, de
wetenschap van de psyche.

***

***

Voorwoord

***

***

De ware wetenschap begint met een definitie van het object van haar studie. Pseudowetenschap geeft een verhaal, min of meer interessant, maar geen definitie.

Er zijn miljoenen boeken en werken die gaan over de psyche en haar stoornissen. Heb je ooit in een van hen een definitie van de psyche ontmoet? Een geldige definitie over de hele wereld?

De rest is stil?

Beslis, nadat je alle boeken van dit werk hebt gelezen.

***

***

Definitie

De psyche is een proces van een huidige symbolische uitwisseling tussen het subject van de psyche en zijn huidige omgeving (subjectieve definitie).

De psyche is een proces van een huidige symbolische uitwisseling tussen twee onderwerpen van de psyche (objectieve definitie).

***

***

***

ik

1.

In mijn werk leg ik deze definitie uit. Mijn definitie van de psyche definieert het als een dynamisch fenomeen. Geen statische zoals de psyche tot nu toe werd begrepen en beschreven.

2.

Met andere woorden, alle statische beschrijvingen van de psyche zijn slechts metaforen. Het betekent dat in werkelijkheid alle psychologische taal tot dusver, te beginnen met Freuds werken en miljoenen boeken van andere auteurs, gezien moet worden als een soort poëzie en natuurlijk niet als een wetenschappelijk geschrift! Het is echter tot nu toe letterlijk begrepen! En op zo'n manier misleidde een

valse wetenschap de
beschaving en miljoenen
lijdende mensen.

3.

 Ondertussen is het absurd dat
zo'n voor iedereen voor de
hand liggende uitspraak klinkt
als een geweldige ontdekking
dat de psyche geen
waarneembaar object is.
Niemand heeft het tenslotte
ooit gezien! We kunnen het
dus niet observeren, noch als
object beschrijven.

4

 Dit absurde is absurder dan de situatie vóór Copernicus met betrekking tot de voor de hand liggende algemene waarneming dat de zon aan de hemel bewoog. Iedereen kon het met eigen ogen zien. En toch was Copernicus de enige die deze algemene observatie in twijfel trok.

 5.

In feite was het de verklaring van Copernicus wat absurd was! In zekere zin, in tegenspraak met het waarneembare feit, werd de verklaring van Copernicus op een gerechtvaardigde manier afgewezen door de wetenschap van die tijd. De wetenschap voor hem had een waarneembaar bewijs van wat bewoog en wat niet. Toch kon het laatste bewijs alleen degenen onder ons krijgen die de aarde vanuit de kosmische ruimte konden zien. Het betekent dat de waarneming, als basis van alle wetenschap, echter niet voldoende is om doorslaggevend te zijn. Het standpunt van de waarneming is doorslaggevend.

II

1.

Het oppervlak van de aarde was een verkeerd gezichtspunt om te beslissen of de zon rond de aarde bewoog of andersom. Maar tot de XX eeuw was het het enige toegankelijke gezichtspunt, dus tot kosmische reizen was de waarneming dat de zon rond de aarde beweegt volkomen gerechtvaardigd.

2.

Met mijn werk wil ik laten zien dat het in het geval van de

psyche ook de kwestie is van het standpunt.

3.

 Tot nu toe was de psychologie gebaseerd op het statische standpunt van de psyche. De psyche werd door Freud, de grondlegger van de twintigste-eeuwse psychologie, beschreven als een statisch object. Het werd door hem op een typisch statische manier in porties verdeeld, zoals: „ego”, „superego”, „id”, „bewustzijn”,

„onderbewustzijn". Het was een soort magische wereld met zijn raadselachtige statische structuren, een wereld van objecten die totaal vreemd zijn voor het dagelijkse leven van de mensen. En vandaar de noodzaak van een vertaler zoals een psychotherapeut hoort te zijn. Een cliënt gaat ervan uit dat de psychotherapeut de raadselachtige wereld van de psyche kent en deze in een

voor iedereen begrijpelijke taal
zal kunnen beschrijven.

4.

 Deze benadering lijkt veel op
de manier waarop de spirituele
groepen functioneren. Zowel
in het geval van de psychologie
van tot dusver als in het geval
van spirituele groepen is er een
groep mensen die de 'heilige'
kennis over respectievelijk de
psyche en de spirituele wereld
„kennen" en er is de rest van
de mensen die weten niets of

weet alleen zoveel als degenen die "weten" het hen zullen vertellen. Twee werelden: sacrum (de wereld waar alleen degenen die weten toegang tot hebben) en profanum (de cliënten van degenen die weten).

5.

Wat is eigenlijk deze „heilige" kennis van de psychologie tot dusver?

Het is een verzonnen en steeds weer opnieuw uitgevonden verhaal over het heiligbeen - een raadselachtige wereld van de psyche, waar niets zeker is, alles mogelijk is, en de belangrijkste rol wordt gespeeld door degenen die 'weten' om een cliënt een verhaal te vertellen over de psyche.

III

1.

 De grootste vertellers van de psychologie tot dusverre, zoals Freud, waren degenen wier verhalen het meest origineel en … vreemd waren. Waarom raar? Omdat het "heiligbeen" niet zo banaal kan zijn als het "profanum", als ze duidelijk van elkaar gescheiden zouden zijn. Zonder deze scheiding zouden degenen die 'weten' niet nodig zijn. Dit verklaart waarom de „psychologie" van tot dusverre niet tot nu toe een wetenschap is geworden.

2.

 De wetenschap is een vernietiger van het heiligbeen, omdat de wetenschap de wetten ontdekt om de wereld te begrijpen. En de wereld die door de wetten wordt geregeerd, is niet langer raadselachtig. Op deze manier wordt het heiligbeen het profanum. Dientengevolge zijn degenen die "weten" overbodig. De wetten van de natuur kennen en logisch denken gebruiken is voldoende om verder te komen in de profanumwereld. Iedereen kan het.

3.

 Dit is de reden waarom degenen die "weten" in de "psychologie" van tot dusver de laatsten zijn die proberen wetten vast te stellen en populair te maken die de psyche beheersen (als ze die toevallig ontdekken). Een dag waarop de psyche de wetenschap wordt, zal hun laatste dag zijn. Ze zullen echter vóór elke echte poging vechten om van de psychologie de wetenschap te maken.

4.

 Als het om de psyche gaat, accepteert iedereen vanuit zijn eigen ervaring het feit dat deze bestaat. De vraag is alleen dat niemand het ooit met de ogen als een waarneembaar object zou kunnen zien. Niettemin aanvaardt iedereen de metaforische beschrijvingen alsof ze die van een waarneembaar object zijn. Waarom?

5.

 Omdat mensen tot nu toe geen keus hebben gehad! Hetzelfde als tot Copernicus. Er was geen alternatief. Mensen geloven in wat auteurs schrijven. Je krijgt het alternatief voor de beschrijving van de psyche van tot nu toe in handen.

IV

1.

Dus, wat kunnen we zeggen over de psyche? Wetenschappelijk gezien kan alleen dit worden waargenomen. Zoals het voorbeeld van Copernicus laat zien, is observatie zelf natuurlijk geen garantie dat wat we zien ook is wat we zien. Maar in het geval van de psyche is het precies het omgekeerde van het geval van Copernicus. Omdat de waarneming van tot nu toe niets ziet!

2.

 Totdat kosmische reizen een wetenschappelijke procedure gebaseerd op de waarneming, die de conditio sine qua non is van de ware wetenschap, de berekeningen van Copernicus niet kon aanvaarden. Ook al leken ze wiskundig gezien correct en aannemelijk. Met andere woorden, Copernicus, 400 jaar vóór de waarneming vanuit het oogpunt van de kosmische ruimte, gaf wiskundige argumenten dat de waarneming vanuit het oogpunt van het aardoppervlak verkeerd was.

3.

Mijn rol in de geschiedenis van de psyche-verkenning is het omgekeerde van de rol die Copernicus speelde in de kosmos-verkenning.

4.

Copernicus bewees namelijk met wiskundige argumenten dat de beschrijving van de waarneming van de zonbeweging aan de hemel slechts een gedaante van de waarheid was. En de fout van die verkeerde waarneming bestond in een verkeerd standpunt van de waarneming van de zonbeweging.

5.

Ik, op mijn beurt, probeer met mijn logica, biologie, fysica, scheikunde en evolutionaire argumenten te bewijzen dat de beschrijving van de psyche die van kracht is, gebaseerd op geen waarneming, ook slechts een vermomming van de waarheid is. Een gedaante die hetzelfde is uitgevonden als vóór Copernicus.

V

1.

Een ding springt echter in het oog. Mensen 2000, 1000 en 400 jaar geleden leken betere denkers te zijn dan mensen vandaag! Waarom?

 Deze oude mensen, zelfs als ze het bij het verkeerde eind hebben in hun beschrijving van de zonbeweging, zijn verontschuldigd door het argument van de waarneming in hun voordeel.

 Mensen van de twintigste eeuw geloven op hun beurt in een beschrijving van de psyche

op basis van het argument van
geen waarneming ...

2.

Mijn rol in dit keerpunt van de
psyche-verkenning is om het
tijdperk van beschrijvingen van
de psyche te stoppen op basis
van geen waarneming. Om
deze waarneming mogelijk te
maken, moest ik zoeken naar
een mogelijkheid om de
psyche te observeren. En deze
mogelijkheid zou kunnen
worden gevonden, maar niet

daar waar miljoenen en miljoenen mensen het vóór mij niet hebben gevonden. Het was niet te vinden in de statische dimensie van de werkelijkheid.

3.

Mijn Copernicaanse doorbraak was om mijn standpunt van de psyche-observatie te verplaatsen van de statische dimensie van de realiteit naar de dynamische. En deze daad maakte het verschil. Ik kon eindelijk observeren en definiëren wat de psyche is. Definitie van de psyche in de hand, ik zou de wetenschap van de psyche kunnen beginnen.

4.

En wat kan worden waargenomen, is een dynamisch fenomeen. Het dynamische proces!

  Dit dynamische proces noem ik in mijn definitie van de psyche: de huidige symbolische uitwisseling! Het betekent dat het niet mogelijk is om over de psyche van een persoon te praten. Het bestaat niet. Wat bestaat, is alleen de psyche als een momentane huidige symbolische uitwisseling. Het betekent dat de psyche van een persoon een opeenvolging is van oneindig kleine tijdelijke symbolische uitwisselingen, net zoals het licht de

opeenvolging is van oneindig
kleine fotonen licht.

 Om deze reden kan de psyche
als proces verstoord zijn, maar
natuurlijk niet ziek zijn (!) En
om deze reden (niet de enige)
is de titel van dit werk:

 „Algemene psyche
relativiteitstheorie".

 5.

(Natuurlijk zul je in dit werk
nog steeds uitdrukkingen

vinden die herinneren aan het tijdperk van de statische psychebeschrijvingen (twee polen, interpolaire ruimte, ...).

 Ik kon echter niet beginnen te schrijven over de psyche in de taal die u niet begrijpt, mijn beste lezer, al vanaf de eerste pagina's. Om een heel eenvoudige reden: niemand vóór mij schreef over de psyche als over een dynamisch fenomeen, zoals het licht of de tijd.

 Je vraagt je misschien af waarom ik de enige ben die de psyche als een fenomeen behandelt en niet als een object. Het antwoord is eenvoudig. Omdat ik de psyche nog nooit heb gezien en nog nooit heb gehoord dat iemand dat heeft. Toch bestaat het! De conclusie is één: het is een dynamisch fenomeen.)

Leer

1.

Menselijke psyche. Het gaat iedereen aan. Er is geen man zonder psyche. Ieder van ons leeft met onze psyche zo goed als we kunnen. En elke persoon leeft met een andere psyche. Geen twee psyches zijn hetzelfde. De rol van de wetenschap is om de sleutel te vinden om dingen te begrijpen. De psyche is zoiets. Ik heb het 20 jaar bestudeerd. En ik heb

de sleutel gevonden. Dus
zonder onnodige woorden kom
ik ter zake.

2.

  De twee polen van de
menselijke psyche zijn het
belangrijkst. De angstpool en
de emotionele pool. De
diversiteit van de menselijke
psyche komt in wezen voort uit
de uitdrukking van deze twee
polen.

3.

  Wat zo ingewikkeld leek, blijkt eenvoudiger te zijn dan je zou verwachten. Per slot van rekening probeert de man al duizenden jaren de aard van de psyche te onderzoeken. En deze pogingen hebben altijd geresulteerd in uiterst gecompliceerde visies op het functioneren ervan. Ondertussen blijkt het gebaseerd te zijn op de ongelooflijke eenvoud van bediening. Dat het iets heel eenvoudigs is, omdat het bestaat uit de interactie van slechts twee onafhankelijke functies. Enkel twee!!!

4.

 Het hele leven van de mens speelt zich af tussen deze twee polen. En dat is alles. Er is niets eenvoudiger in de natuur dan de menselijke psyche. Omdat het gewoon de invloed ervaart van twee polen: de pool van angst en de pool van emoties.

5.

Wat in onze hersenen verantwoordelijk is voor het vermogen om te voelen, wat we onze mentale gevoeligheid kunnen noemen, uitgerust met een oneindig potentieel voor expressie, in de vorm van een oneindig aantal gedachten, woorden, gevoelens, zou allemaal dood zijn en waarschijnlijk niet zijn ontstaan helemaal niet, als het niet in het interpolaire veld tussen de pool van angst en de pool van emoties was. Elk van deze polen heeft zijn eigen manier om de interpolaire dode ruimte te animeren.

II

1.

Dit betekent dat angst-energie, omdat het gepast is om energie iets te noemen dat het vermogen heeft om dode dingen te verplaatsen en in beweging te brengen, deze angst-energie zal woorden, gedachten en gevoelens activeren die zich hebben verzameld in het interpolaire veld van onze psyche op een gepaste manier. ervoor.

Met andere woorden, verschillende woorden,

gedachten, gevoelens zullen op een andere manier "dansen", zoals ijzervijlsel in een magnetisch veld, wanneer de angstpool wordt geactiveerd en verschillende wanneer de emotionele pool wordt geactiveerd.

2.

Natuurlijk zenden deze polen hun energie tegelijkertijd uit en de menselijke psyche is het gelijktijdige spel van de invloed van beide polen. En dat is alles. Dit is de menselijke psyche. Niets eenvoudiger. Het is moeilijk te geloven dat het me twintig jaar en veel langer heeft gekost voordat de mensheid tot deze waarheid kwam.

3.

Hoe kunnen mensen dan zo van elkaar verschillen, als, zoals ik al zei, de menselijke psyche triviaal eenvoudig is in zijn functie?

4.

Maar ik zeg niet dat mensen anders zijn! En ik zeg zeker niet dat dit een significant verschil is! Dit is slechts een veel voorkomende opvatting die volkomen ongegrond blijkt te zijn. Omdat we bij alle mensen te maken hebben met een eenvoudig bipolair mechanisme van de psyche, waarom zouden we dan zo van elkaar verschillen?

5.

Ja, er zijn interindividuele verschillen, maar dit zijn slechts cosmetische verschillen. Omdat het enige dat individuele mensen van elkaar onderscheidt, het energiepotentieel van elk van de polen is en hun som in de interpolaire ruimte waarin gedachten, woorden en gevoelens zijn.

Het cosmetische verschil tussen individuen komt dus uit slechts drie bronnen:

- het energiepotentieel van de angstpool,

- het energiepotentieel van de emotionele pool,

- de structuur van de interpolaire ruimte.

III

1.

Ik zal deze 3 bronnen een voor een bespreken.

Het energiepotentieel van de angstpool is het aangeboren, individuele, constante niveau van angst dat aan ieder mens is toegekend sinds de geboorte. Het angstniveau van iedereen is opgeslagen in de genen. In dit boek noem ik dit niveau angst-energiepotentieel.

2.

Angst is iets dat energie uitstraalt. Vooral degenen onder ons die zijn geboren met een sterk uitgedrukt angstgen, weten het. Op momenten dat deze angst als angst aan het licht komt, is de energie ervan door sommige mensen soms zo groot dat we urenlang onvermoeibaar kunnen nadenken en veel, vaak fysiek moeilijke dingen doen. Waar halen we er zoveel kracht voor, zoveel energie voor?

3.

  Van het geactiveerde potentieel van de angstpool. Woorden, gedachten en

gevoelens in de interpolaire
ruimte beginnen hun
angstdans te dansen onder
invloed van angstenergie.
Iedereen weet hoe deze dans
eruitziet. Het is een werveling
van gedachten en woorden die
aanvoelt als een onaangenaam
gevoel van angst.

4.

Woorden en gedachten zullen de verschillende drama's van de dans van angst dansen. Van angst voor de toekomst, via angst om te overleven, tot het onaangename gevoel van individuele kwetsbaarheid dat moeilijk met woorden te noemen is.

5.

Dus bij mensen met een hoge angstpool worden potentiële woorden en gedachten geselecteerd en gedragen door hoge angstenergie. Zoals je gemakkelijk kunt raden, selecteert de energie van angst gedachten, woorden en sensaties die verband houden met de angst. Je zou kunnen zeggen dat de angstpool de interpolaire middelen van woorden, gedachten en gevoelens gebruikt om opnieuw en opnieuw te beschrijven wat angst als angst is. Het is een nooit eindigend verhaal van angst als angst.

IV

1.

Iemand die zich niet bewust is
van het beschreven model van
het functioneren van de
menselijke psyche, ziet niet
eens dat de gedachten,
woorden en gevoelens en dus
de essentie van het leven
volledig zonder onze wil

gebeuren. Het is een automaat die volledig plaatsvindt zonder menselijke wil.

2.

  Het is dus niet moeilijk in te zien dat dit angstaanjagende verhaal zichzelf onophoudelijk vertelt, van wakker worden tot in slaap vallen, dag in dag uit, maand na maand, jaar na jaar, al het leven. Heel snel, al in de kindertijd, wordt het het meest voor de hand liggende en onbetwistbare. En dat geldt ook voor de helft van onze dispositie en persoonlijkheid. De helft van onze psyche.

3.

De andere helft is te danken aan de emotionele pool die woorden, gedachten en gevoelens laat dansen, een dans van emoties. Het emotionele potentieel zit ook ingebed in onze genen.

4.

We zijn geboren en men kan al weten hoeveel energie de emotionele pool zal uitstoten in de interpolaire ruimte van onze psyche. Ook hier zal, volledig onafhankelijk van onze wil, vanaf het allereerste begin van ons bewustzijn tot het einde het materiaal van de interpolaire ruimte in de vorm van gedachten, woorden en gevoelens het verhaal vertellen van de emotionele pool. Altijd hetzelfde verhaal.

5.

   Dus een verhaal vol verdriet en vreugde, liefde en haat, wil tot handelen en twijfel, overwinning en nederlaag, tevredenheid en ontevredenheid. Wat het ook is, altijd onafscheidelijk van het tegenovergestelde.

   De emotionele pool is evolutionair ouder dan de angstpool. Het komt, in tegenstelling tot het laatste (alleen kenmerkend voor mensen), al voor bij hogere dieren. Dit verklaart zijn extreme eenvoud. Het zendt dus positieve of negatieve energie uit of schakelt zichzelf uit.

V

1.

En tot slot, het derde element van het eenvoudige mechanisme van de menselijke psyche. Dit is de structuur van de interpolaire ruimte. Het bestaat uit woorden, gedachten en gevoelens. Dit is het enige element van het mechanisme van de psyche dat we niet erven en dat een kwestie is van de individuele prestaties van elke persoon.

2.

Het is een verzameling woorden, concepten, ideeën en argumenten, algemeen bekend als intellect of rede, hoewel het geen erg goede term is. Waarom? Welnu, door rede of intellect begrijpen we meestal alleen het vermogen om efficiënt te denken.

Ondertussen bestaat het materiaal van de interpolaire ruimte niet alleen uit woorden en gedachten, maar ook uit gevoelens. Dit is de reden waarom ik het concept van een interpolaire ruimte vanaf het allereerste begin heb gebruikt, omdat zo'n term treffend zowel gedachten als gevoelens tussen de polen van de psyche omvat.

3.

  Zoals we goed weten, is het derde element van het mentale mechanisme de bron van buitengewone interpersoonlijke verschillen en hangt het af van sociale, culturele en economische omstandigheden en lijkt het het meest gerelateerd te zijn aan het geslacht, hoewel het ook alleen een cultureel effect kan zijn dat bestaat uit verschillende behandeling van jonge mannen en vrouwen.

4.

De krachtigste invloed op de ontwikkeling en vorm ervan wordt ongetwijfeld uitgeoefend door opvoeding en letterlijk begrepen onderwijs. Hoe uitgebreider de opleiding, hoe dieper en breder de opleiding, des te groter de rijkdom aan woorden, gedachten en gevoelens. En ook hoe nauwkeuriger het is om gedachten en zinnen op te bouwen.

5.

Het derde element heeft nog iets anders. Dit is het enige toegangspunt tot het eenvoudige mechanisme van de menselijke psyche. We kunnen dus noch direct noch indirect invloed uitoefenen op de angstpool of de emotionele pool. We kunnen dit niet alleen doen met betrekking tot de ander, maar we hebben zelf geen directe toegang tot onze eigen angst- en emotionele pool.

VI

1.

Dit is het enige dat moeilijk is aan de menselijke psyche. Het is niet toegankelijk.

En toch zei ik zojuist dat het het derde element is, d.w.z. de interpolaire ruimte?

Ja, we hebben er toegang toe. Allereerst voor mezelf, maar met een beetje behendigheid ook voor de interpolaire ruimte van een andere persoon (terwijl ik dit boek schrijf, probeer ik daar met jullie te komen!). We kunnen er komen, ja.

2.

  Maar laten we eerlijk zijn, de echte psyche, degene die vaak pijn doet of ons leven moeilijk maakt, bevindt zich niet in de interpolaire ruimte, maar aan de polen van de psyche. Er zijn die twee, vaak enorme, potentiëlen - angst en emotioneel die met zo'n kracht exploderen dat in de interpolaire ruimte, vooral niet stevig genoeg, niet versterkt en inefficiënt, alleen as overblijft.

3.

De waarheid is dat hoewel ik Element Drie in de beschrijvende zin heb opgenomen in het mechanisme van de menselijke psyche, het opnemen ervan in functionele zin moeilijk is.

De angst- en emotionele
polen, beide erfelijk bepaald,
zijn volledig autonoom,
onafhankelijk van elkaar en
van het derde element.
Bovendien domineren ze het
derde element, niet andersom!

4.

Bij de angst- en emotionele
polen komen onmenselijke
energieën vrij, ja, onmenselijk
in de letterlijke zin, omdat
beide polen onophoudelijke
rampen zijn, een - een ramp

van constante angst zonder oorzaak, dat wil zeggen angst geboren aan het begin van de menselijke soort, en de andere - een cataclysm van tegenstrijdige en extreme emoties, voortkomend uit de dubbele wildheid van de dierenwereld. Het is als twee onafhankelijke tornado's, die zonder een moment van kalmte over de polen van de psychische planeet draaien en zonder waarschuwing een cataclysm van vernietiging in

de interpolaire ruimte
ontketenen.

5.

Het zal gerechtigd zijn te
zeggen dat Element Drie
verscheen in de evolutie van
de menselijke psyche als een
poging om voet aan de grond
te krijgen op deze gevaarlijke
planeet die bleek te zijn voor
de eerste mensapen, de
planeet van hun psyche met
twee razende tornado's op zijn
polen.

 Toch beschikten hun
voorouders, gewone, niet-
menselijke apen, over een
nogal gevaarlijke psyche, een
unipolaire, waar van tijd tot
tijd een tornado op de
emotionele pool losbarstte.
Maar het vervaagde na een
tijdje en opnieuw kon onze
dierlijke voorouder zoals elk
hoger dier tegenwoordig, zoals
een paard, een kat, een hond,
een zalig, zorgeloos leven

leiden na een periode van emotionele rampen.

VII

1.

Er is geen moment van stilte of gelukzaligheid op de planeet van de menselijke psyche. Hoewel de tornado op de emotionele pool breekt, zoals bij onze kleinere dierenbroeders, alleen van tijd

tot tijd (vooral toen
onvoldoende nauwgezette
opvoeding en opleiding ons
niet toestonden om teveel
afstand te nemen van onze
dierlijke neven en nichten), de
tornado op de angst pool
duurt het hele menselijke
leven.

2.

Hier wordt constant een
donkere lucht geboren, vol

onheilspellende
bliksemschichten, stormen,
winden en verschrikkelijke
trompetten die alles wegvagen
dat je op de weg tegenkomt.
De eerste mensapen waren
gewoon heel, heel ongelukkig.
Je zou kunnen zeggen dat ze
allemaal aan een depressie
leden, de meest ernstige die
mogelijk is.

3.

   Het is moeilijk te geloven hoe
ze het hebben overleefd,

aangezien je, zoals we weten, tijdens de meest ernstige depressie geen zin hebt om te eten, rennen, copuleren of zoiets. Maar we weten wat er gebeurt als de meest ernstige depressie ons treft. Als we het zich laten ontwikkelen, geef geen medicijnen, probeer de lijdende psyche niet zoveel mogelijk te verlichten, dan doet zich een ongewoon, hoewel vanuit het oogpunt van de natuurwetten, natuurlijk fenomeen voor.

4.

  Welnu, op een dag verschijnt plotseling een volledig veranderd persoon voor de ogen van mensen: glimlachend, ontspannen, gewoon gelukkig. Dezelfde persoon die eergisteren niet had gereageerd op de wereld om hem heen, bevroren in een uitdrukking van onverschilligheid.

5.

Wat is er gebeurd? Welnu, de aard, hoewel streng, is niet meedogenloos. Ja, alle ziekten maken deel uit van de wereld van de natuur, maar tegelijkertijd heeft de natuur mechanismen ontwikkeld die proberen te genezen wat ziek is. En het is vaak genoeg om de natuur niet te verstoren om een natuurlijke genezing te laten plaatsvinden.

VIII

1.

In elk stadium van een ziekte gaat de natuur door met haar inspanningen om haar te genezen. Maar in plaats van de natuur in deze poging te steunen uit roekeloosheid en onwetendheid of onhandigheid, storen we heel vaak. Dan maken we het genezingsproces moeilijk voor de natuur.

2.

Het zijn geen medicijnen die genezen! Goede medicijnen

zijn alleen medicijnen die de Nature-behandeling niet verstoren. Maar de natuur probeert nog steeds de aandoening te genezen. Ondanks medicijnen die het vaakst storen.

3.

  Het verlangen om het organisme te genezen en te regenereren is ingebed in genen, wat misschien wel de krachtigste van alle kenmerken van levende organismen is, geschreven in hun genen. En wat er met deze slecht behandelde persoon met depressie is gebeurd, is een voorbeeld van de werking van de natuur. Dus laten we uitleggen hoe de natuur het deed. Wat is dit effect?

4.

Welnu, als het mentale lijden van een depressief persoon de psychofysische capaciteit te boven gaat, grijpt de natuur resoluut in - het schakelt de bron van het lijden uit. Dus het schakelt wat precies uit?

5.

 Ja, ja, het schakelt de menselijke psyche uit. Klinkt absurd, zelfs belachelijk, toch? Zoals ik al zei, glimlacht de persoon ineens weer en verdwijnt de uitdrukking van lijden en angst.

Ja, de natuur heeft het zinloze lijden gestopt, je kunt zelfs zeggen dat het genezen is. Het probleem is dat de natuur een man niet kent van een paard of een koe. Zo komt het soms voor dat de genezing plaatsvindt op een manier die vanuit menselijk oogpunt onmenselijk is ...

IX

1.

Plots wordt die zieke persoon zo gelukkig als dieren zijn (wat mensen niet weten) omdat de persoon zich niet meer angstig voelt! De natuur heeft de angstpool in de psyche van een persoon met een ernstige depressie gedoofd. Het is niet voor niets dat ik schrijf dat iemand die tot dusver lijdt,

vanaf nu gelukkig kan zijn,
zoals de unipolaire dieren zijn.

2.

Ik geloof dat het vergelijkbaar
was, zij het op enorme schaal,
met de eerste mensachtige
primaten. Ze gingen allemaal
of bijna allemaal in hun vroege
volwassenheid in een ernstige
depressie, met als hoogtepunt,

als ze het overleefden, een post-depressieve psychose.

3.

Deze verschuiving van de psyche van de bipolaire naar de unipolaire positie moet zomaar worden genoemd. Dit is precies de reden waarom depressie op tijd moet worden gestopt, zodat er geen risico is dat de natuur het op haar eigen manier zal aanpakken, zoals het vandaag de dag nog steeds gebeurt bij verwaarloosde of slecht behandelde patiënten. En zoals het gebeurde op gigantische schaal, zoals ik al zei, miljoenen jaren geleden met de mensapen.

4.

  Dus ik neem aan dat deze prehistorische apen niet in staat waren om de last van de bipolaire psyche te dragen en na een tiental jaren was er een "schakelaar", waarna ze weer gewone apen werden.

Gewoon omdat ze mentaal zoals alle apen, behalve mensen, weer unipolair werden.

5.

Een interessante vraag is: wat heeft ervoor gezorgd dat deze apen, bipolaire apen, overleefden, terwijl we zelf het beste bewijs zijn?

Met andere woorden, psychologische bipolariteit was

vanaf het begin een enorme last, net als daarna. Maar ondanks dit is de enige soort die door een dergelijke bipolariteit wordt getroffen, niet uitgestorven, en dat lijkt logisch dat dit zou moeten.

   Bovendien is het tegenwoordig de meest talrijke soort, de soort die bovenaan de evolutieladder staat! Dus dit ongeluk van bipolariteit moet paradoxaal genoeg een

geheim van succes verbergen.
Laten we het uitleggen.

X

1.

  De eerste twaalf jaar van het menselijk leven (ja, mensen omdat ze bipolair waren!) Waren een zeer turbulente periode in hun leven. Constante angst en emotionele stormen maakten hen ongelukkig. Zolang ze zich als baby nog aan de hand of rug van de moeder konden vastklampen, zolang ze als kinderen wilden spelen, was deze vreselijke angst draaglijk, de aanwezigheid van de

moeder of de wervelwind van
het spel hielp het te kalmeren.

2.

  Geen wonder dat de
voormenselijke apen geen
haast hadden om volwassen te
worden. Integendeel, ze
hebben het op een
onfatsoenlijke manier
verlengd, tot wel enkele jaren!
Hoe dan ook, een lange jeugd
was niet alleen gunstig voor de
baby's, ook moeders hadden er
baat bij, omdat de zorg voor

kinderen voor hen dezelfde rol speelde als spelen voor kinderen. Het stelde hen in staat de aandacht af te leiden van de wereld van vreselijke angst. Een ding dat we tot op de dag van vandaag oefenen.

3.

 Om dezelfde reden vormden mannelijke prehistorische mensapen grotere groepen. Het was hun al bekend dat het feit dat ze in een groep zaten, werd afgeleid van het grote ongeluk dat ze allemaal met zich meebrachten - het ongeluk van voortdurende angst. Dus leidden ze het af door nieuwe en nieuwe groepsactiviteiten te zoeken.

4.

Mannen met een psyche waarvan het potentieel voor de angstpool het laagst was en degenen onder hen die voldoende slimheid en kracht hadden, konden meer tijd besteden aan gewone dierlijke

zaken zoals eten, slapen en
vooral copulatie. Daarom kan
worden aangenomen dat
personen met minder angst dit
gen gemakkelijker doorgeven
aan hun nakomelingen dan
personen met een hoger
potentieel voor
angststoornissen.

5.

Laten we ons dan eens voorstellen hoe groot de angst van mensapen moet zijn geweest, want zelfs vandaag, na enkele miljoenen jaren van evolutie en de geleidelijke eliminatie van het hoge angstgen, beschouwen we onze angst nog steeds als ondraaglijk. Is het dan zo moeilijk voor te stellen dat ondanks alle inspanningen misschien zelfs alle menselijke prehistorische apen na een periode van depressie in een

post-depressieve psychose
vielen?

   Ze leken weer gewone apen
te worden omdat ze geen
angst meer hadden, maar
zouden ze na een aantal jaren
van angstgevoelens hetzelfde
kunnen zijn als de apen die het
nog nooit hadden ervaren?
Nee.

XI

1.

Allereerst, wat een opluchting is het als je ineens geen angst meer voelt als angst. Iedereen die de gelegenheid heeft gehad om een van de anxiolytische medicijnen te gebruiken (omdat ze bestaan!), Weet het goed. Maar het is een slechte vergelijking met de opluchting die wordt gevoeld door iemand die na vele jaren van de angst te hebben geleden, er plotseling van bevrijd zal zijn.

2.

Als er een paradijs is, moeten we ons daar zo voelen. Dus, voormenselijke apen, hoewel ze aan het einde van hun leven als dierlijke apen geen angst voelden, in tegenstelling tot de laatste, erkenden ze wel een mentale toestand die we geluk noemen.

3.

Dit is hoe niet de dierlijke, maar typisch menselijke contemplatie van gevoelens werd geboren. In het geval van deze oer-voormenselijke wezens was het natuurlijk slechts het zaad van wat we nu beschouwen als contemplatie. Het moet maar een zaadje zijn geweest, aangezien de voormenselijke apen nog niet zo'n medium hadden als de rijke interpolaire ruimte. Er waren nog geen woorden, geen gedachten, geen gevoelens. Maar de laatste begon op zijn vroegst te ontkiemen. En het gebeurde uit de ervaring van het ongeluk van angst en vervolgens van de bevrijding ervan.

4.

Ik zei dat deze bevrijding aan het einde van hun leven kwam. Het is niet verwonderlijk. Na de ontberingen van het leven sinds de geboorte in de hel van angst, na een tiental jaren, waren ze hetzelfde, en zoals ik eerder heb beschreven, waarschijnlijk veel meer geestelijk gestoord dan mensen die aan langdurige ernstige depressie leden. En net als onze tijdgenoten leerden de miljoenen jaren geleden levende voorouders van de mens de smaak van het geluk van een leven zonder angst kennen. En dat was genoeg om volledig tevreden te zijn. Vaak hielden ze toen op met de zorg voor voedsel en veiligheid. In dergelijke omstandigheden was het niet moeilijk om te sterven. En ze stierven heel snel. Maar ze stierven gelukkig.

5.

 Jonge apen, de ongelukkigen, leerden een belangrijke les toen ze naar het lot van hun oudere verwanten keken. Namelijk dat hun leven niet voor altijd irritant zal zijn.

Dus een ander materiaal, de hoop werd geboren in de primaire interpolaire ruimte. En het is belangrijk om op te merken dat de eerste hoop werd geboren en pas aan het einde van het leven verscheen een ander element van deze ruimte - het gevoel van geluk.

XII

1.

Het is duidelijk dat de interpolaire ruimte nauwgezet werd opgebouwd als remedie tegen de waanzin van angst, als wapen tegen zijn vernietigende kracht. En deze ruimte dankt zijn oorsprong aan wat we nu depressieve

(post-depressieve) psychose
noemen.

2.

  Het mensachtige dier dat van
angst is bevrijd, is verbaasd
over deze plotselinge
gebeurtenis. Van verbazing,
wat een fenomeen is op de
grens van de psyche van
andere dieren, is het slechts
een kleine stap naar iets dat
geen enkel ander dier op aarde
kan doen - naar zelfreflectie.
Tegenwoordig is het gewoon,

duidelijk, maar een paar
miljoen jaar geleden moet wat
er in de psyche van onze
dierlijke voorouders gebeurde,
hen enorm hebben verbaasd.

3.

   We raken hier het meest,
denk ik, fascinerende moment
in de hele geschiedenis van het
leven op aarde. Omdat het de
tijd was dat de onbewuste van
haar eigen bestaan de Natuur,
na vele honderden miljoenen,
zelfs miljarden jaren, eindelijk

het hoogtepunt bereikte van
deze lange, in kosmische en
zelfs aardse termen, odyssee.

4.

  Kan het beter worden
bekroond met iets anders dan
met dit moment, heel figuurlijk
gesproken en in een
gigantische kortere weg,
waarin een steen die langs de
weg ligt zich plotseling van
zichzelf bewust wordt?

5.

Bewustzijn is de inhoud van de interpolaire ruimte. Het werd volledig per ongeluk in evolutie geboren en niet onmiddellijk voltooid. Het is gemaakt om angst te bestrijden en zoals je misschien vermoedt ook emoties ...

Bewustzijn ontstond toen als gevolg van de eerste psychose van de psyche van oerapen.

 Aangezien er zonder deze oerpsychose geen bewustzijn zou zijn, is misschien ook het tegenovergestelde waar?

 Bovendien, aangezien de oorspronkelijke psychose zo heilzaam bleek te zijn om uit de vicieuze cirkel van lijden van de bipolaire angst-emotionele psyche te komen, mogen we misschien aannemen dat een dergelijk fenomeen nog steeds geldig is? Misschien moeten we het niet als ongepast en ongewenst behandelen?

***

***

***

Definitie

De psyche is een proces van een huidige symbolische uitwisseling tussen het subject van de psyche en zijn huidige omgeving (subjectieve definitie).

 De psyche is een proces van een huidige symbolische uitwisseling tussen twee onderwerpen van de psyche (objectieve definitie).

***

***

***

Onthouden!

Aanhef

ik

1.

Kijkend naar het leven van wilde dieren, ben ik altijd verbaasd over hun overlevingsvermogen. Of het nu in Siberische vorst is of in de tropen, om nog maar te zwijgen van gematigde streken, alle dieren zijn zo perfect geharmoniseerd met de natuur dat ze hun hele leven bijna nooit ziek worden. Ze worden pas op hoge leeftijd ziek, en dat is de ouderdom bij de dieren.

2.

 Ondertussen is de mens als enige soort onder de zoogdieren een uiterst kwetsbare soort in termen van gezondheid en lijdt daarom voortdurend aan elke ziekte gedurende het hele leven. Waarom? Waarvoor? Wat heeft dat voor zin?

3.

  Het lijkt erop dat we het antwoord op deze vraag moeten zoeken in de oorsprong van de menselijke soort. Ik heb ze al tamelijk uitgebreid beschreven in mijn werken tot dusver in de context van de evolutie van de psyche van de man. En het blijkt dat de neiging van de man om ziek te worden onverwacht nauw verband houdt met de kwestie van de menselijke psyche!

4.

 Ik heb in mijn werk vele malen de stelling bewezen dat de natuur de angstmutatie als buitengewoon gevaarlijk voor de dieren en dus voor de voormenselijke apen erkende.

 Bovendien zijn er aanwijzingen dat de natuur de angstmutatie als absoluut catastrofaal beschouwde. De belangrijkste reden was niet de

vernietiging van de psyche.
Onverwacht bleek de angst
gevaarlijker te zijn voor het
lichaam dan voor de psyche!
Kortom, de vernietiging van
het organisme door de angst is
precies de somatose.

 Aangezien de kwestie
teruggaat tot de primaire
psychose, zullen we vanaf nu
dus de term primaire somatose
gebruiken.

5.

Dus wat is precies het fenomeen van primaire somatose?

II

1.

Welnu, de angst, die in fysieke zin een continue spontane emissie van elektromagnetische hersengolven is, door voortdurende stimulatie van het centrale en autonome zenuwstelsel, beïnvloedt het hele lichaam door de afgifte van de neurotransmitters en endocriene stoffen in het bloed.

2.

Zo'n constante stimulatie (behalve slaap) is onvermijdelijk extreem duur in termen van energie en dat is wat de natuur op de lange termijn niet leuk vindt. De energie is van onschatbare waarde voor de natuur en daarom betekent het evolutieproces ook vechten voor een vrije toegang tot de

energiebronnen en het
beperken ervan.

3.

 Bovendien verstoort zo'n
constante zinloze
angststimulatie van het hele
organisme het verloop van
fysiologische processen van
alle organen en systemen van
het organisme, vooral het
immuunsysteem.

4.

Daarom hoefde de natuur geen extra mechanisme te activeren om individuen met de angstmutatie te elimineren. Ze elimineerden zichzelf door verhoogde morbiditeit, door de primaire somatose.

5.

Met andere woorden, primaire somatose is een continu proces, veroorzaakt door de angst, het proces van verstoring van de fysiologische functies van het lichaam dat leidt tot een afname van de immuniteit van het organisme en bijgevolg tot een ziekte.

III

1.

In tegenstelling tot de absurde stellingen van sommige psychologische kringen, is en zal de ziekte nooit een "manier van expressie en communicatie" zijn geweest. In psychische zin is ziekte een volkomen onzinnig fenomeen en het geven van een psychologische betekenis is een uitdrukking van een totaal sprookjesachtig geschrift, zo gemakkelijk beoefend in het niet-wetenschappelijke veld van de zogenaamde psychologie van tot dusver.

2.

De menselijke organische ziekten zijn het eerste gevolg van de angst. Ze zijn het fysieke gevolg van de angst en vanaf het allereerste begin moesten ze de angstige individuen uit de race van evolutie en de verdere geschiedenis van het leven op aarde elimineren.

En er waren voorwaarden voor deze individuen om daadwerkelijk te verdwijnen als gevolg van de plaag van ziekten die hen overkwamen.

Het mechanisme van primaire somatose is een valstrik zonder uitweg: de angst verstoort de fysiologische processen van het hele organisme en als gevolg daarvan neemt de immuniteit af.

3.

Dit is de reden waarom alle andere dieren bijna nooit aan ziekten lijden, leven in extreme klimatologische en weersomstandigheden, vaak koud, hongerig, oververhit, enz. ... De fysiologische processen in hun lichaam worden niet verstoord! Daarom zijn noch regen, noch kou, noch honger gevaarlijk voor hen!

4.

En de man is zo delicaat, zo kwetsbaar. Een paar minuten in de regen en de man is ziek. Iemand niest dichtbij en de man is ziek ...

5.

Laten we trouwens de mythe ontkrachten van een gezonde levensstijl die zo populair is bij de moderne mensen als een manier om hun gezondheid te redden. Het zou inderdaad logisch en effectief zijn om alle bedreigingen voor de menselijke gezondheid, zoals biologische, chemische en fysieke bedreigingen, te vermijden, ware het niet dat de man een mechanisme van primaire somatose in de genen heeft ingebed.

IV

1.

Het feit dat we leven is niet het resultaat van een gezonde levensstijl omdat het niet van belang is voor de somatose.

Als dat zo is, waarom leven we dan terwijl we eigenlijk gedoemd zijn te verdwijnen vanaf het allereerste begin van ons ras?

Er is maar één verklaring. Er zit ... een wonder achter!

Wat een wonder?

Het wonder van primaire psychose.

2.

De primaire psychose is een idee voor een dergelijke afwijking van de angstpsyche zodat deze psyche uit de angststapeling kon komen, voordat de evolutie het bewustzijn zo sterk ontwikkelde dat het bewustzijn in staat was de angst te overwinnen. Maar vóór de primaire psychose verscheen in de loop van de evolutie het fenomeen somatose als eerste gevolg van de angst.

3.

Ondertussen is somatose dezelfde afwijking in het functioneren van het menselijk lichaam als de psychose in het geval van de menselijke psyche! In beide gevallen hebben we te maken met de realisatie van de functionele zin van het proces.

4.

 En dus wordt in het geval van een primaire psychose het psychologische proces zo onwerkelijk, d.w.z. los van de realiteit dat de psyche naar een hoger dan het werkelijke niveau van functioneren beweegt, naar een symbolisch niveau. Op dit niveau wordt de angst beroofd van de catastrofale schadelijkheid van zijn fysieke dimensie en in de symbolische dimensie wordt de angst een factor die een creatief symbolisch leven inspireert.

5.

Hoe zit het met somatose? Hier wordt het echte fysiologische proces vervangen door een onwerkelijk, niet-fysiologisch proces, d.w.z. een proces dat door de geneeskunde wordt gedefinieerd als een ziekteproces. We kunnen daarom terecht een analogie zien tussen het onwerkelijke proces dat het ziekteproces van de lichaamsfuncties wordt genoemd en het onwerkelijke proces dat de psychose van de psyche-functies wordt genoemd.

 Terwijl de psychose een buitengewoon waardevolle prestatie blijkt te zijn voor de menselijke soort, omdat het een nieuwe dimensie van het bestaan opent - de symbolische dimensie; de vraag of somatose ook zinvol is, is buitengewoon riskant.

 Laten we het duidelijk stellen. Alle menselijke ziekten zijn niets anders dan somatosen!

 En een ziekteproces van elke ziekte is niets anders dan losstaan van de fysiologische realiteitsfunctie van een bepaald orgaan van het lichaam. En zelfs in het geval van een exogene ziekte is de invloed van een externe factor beperkt tot het induceren van de derealisatie van het fysiologische proces en dus tot hetzelfde wat we te maken hebben met een endogene ziekte. Dus de analogie tussen psyche en somatiek is perfect!

Afkortingen

AB Angstblokkering

AEA Angst-emotionele alertheid

AEI Angst-emotionele intelligentie

CP cyclische polysymboliciteit

CS kinderachtigheidssyndroom

EP Episodische psychose

ESE Extern zelfrespect

ESEx externe symbolische uitwisseling

gP / S genetische polysymboliciteit / schizofrenie

Door iP / S geïnduceerde polysymboliciteit / schizofrenie

ISE intern zelfrespect

ISEx interne symbolische uitwisseling

LI Logic Intelligence

NPP Negatieve primaire psychose (depressie)

PSPM Parallel Symbolische Psyche Me

PRNL-programma van terugkeer naar normaal leven

PSEx parallelle symbolische uitwisseling

SBM symbolische Brain Me

SE Zelfrespect

SEx symbolische uitwisseling

SP Gelijktijdige polysymboliciteit

SPM Symbolische Psyche Me

SSPM Sleep Symbolische Psyche Me

T1h Type 1 van de mensheid (zonder afstand tot de primaire psychose)

T2h Type 2 van de mensheid (met afstand tot de primaire psychose)

T3h Type 3 van de mensheid (intermidate type tussen T1h en T2h)